Animal Jack

Animal Jack

Le cœur de la forêt

Scénario : Kid Toussaint
Dessin et couleurs : Miss Prickly

DUPUIS

Merci à Miss d'avoir appelé. Merci à Laurence d'avoir décroché.
Merci à toute l'équipe Dupuis sans qui je ne serais rien « qu'un grain de poussière dans cet univers. [...] J'aime la vie, la vie, toute la vie » (Sandra Kim).
Merci pour votre confiance.

Pour Mégane, Nicolas, Rose et Maxime.

Pour mon petit singe, Clémentine.

Bises à vous,

Kid

Merci à Kid pour son écriture qui a du chien!
Et merci de m'avoir permis de dessiner autant d'animaux dans un même album.
Merci à toute l'équipe Dupuis! À Laurence d'avoir pris sous son aile le petit Jack et à Stéphane que je n'ai jamais vu de mauvais poil.
Merci à Joël pour son travail de fourmi.

Pour ma très chouette petite famille et mes chers amis.

Et pour tous les animaux du monde entier.

Miss Prickly

PREMIÈRE ÉDITION

Maquette : Dominique Paquet.

Dépôt légal : février 2019 – D.2019/0089/022 – ISBN : 979-1-0347-3301-9

Éditions Dupuis s.a., rue Destrée 52, 6001 Marcinelle, Belgique.
Imprimé par Graphius, Eekhoutdriesstraat 67, 9041 Gent, Belgique
Achevé d'imprimer en décembre 2018.

www.dupuis.com

ALLEZ, JACK ! TU VAS ÊTRE EN RETARD À L'ÉCOLE !
DÉPÊCHE-TOI, PARESSEUX !
WHAAAA...
TIENS, VOILÀ JUSTEMENT TON AMI MALEK...
BOUMF
BONNE JOURNÉE, MON CHÉRI !
OH, ÇA VA, JACK, C'EST PAS LA PEINE...

T'ES VRAIMENT TROP DIFFÉRENT. TU N'DIS JAMAIS RIEN. TU FAIS TOUT CE QU'ON TE DIT SANS DIRE UN MOT.
BZZZZZZ
BOUMF
ON POURRAIT TE FAIRE GOBER N'IMPORTE QUOI !
SLURP
SLURP
TU COMPRENDS ? JE SAIS QUE JE TE SUIS UTILE. JE SUIS TOUJOURS LÀ POUR TOI.
PAF
BOUMF
BOUMF
HEUREUSEMENT QUE JE TE PROTÈGE, SINON TU TE SERAIS DÉJÀ FAIT CASSER LA TRONCHE.
ROUF

MAIS JE NE PEUX PAS SANS ARRÊT M'OCCUPER DE TOI. TU ES UN POIDS POUR MOI.
BOUMF
BOUMF
TU ME TIRES VERS LE BAS.
BREF... J'AIMERAIS AUTANT QU'ON CESSE D'ÊTRE AMIS.
BOUMF
IL VAUT MIEUX QUE TU VOLES DE TES PROPRES AILES.
À L'AIDE!

AU SECOURS !
JE VAIS TOMBER !
PIM

FROUF
BOUMF
BOING

Hiiiiiiiiiiiiiiii
BIM

MERCI.
MAIS QU'EST-CE QUE TU...?!
PSSSSSSS
POUAAAH ! C'EST DÉGOÛTANT !
JE NE COMPRENDS PAS CETTE MANIE QU'ONT LES COLOBES GUÉRÉZA DE S'URINER SUR LA QUEUE !
ÇA NE PEUT TOUT DE MÊME PAS ÊTRE POUR ATTIRER LES FEMELLES !

... ET DONC DANS LE MOT « GARÇON », LE « C » PREND UNE...
JACK ! C'EST PAR ICI QUE ÇA SE PASSE ! IL N'Y A RIEN À VOIR...
... DEHORS !

DRiiiiiiiNG
NON, JACK !
MOi, JE RENTRE TOUT SEUL DE MON CÔTÉ...
... ET TOi, TU VAS DU TiEN.
ON FAiT LA COURSE JUSQU'À LA MAiSON, JACK ? EN QUOi VEUX-TU TE TRANSFORMER ?
EN AUTRUCHE ? EN LÉVRiER ?

CRRR

NOOOOON... PAS LUIiiiiii!
VRAOOOM

CCCRRiiiiii
BOUMF
SNIF
SNIF
SNIF
SNIF
HA ! JACK ! TU ES RENTRÉ !
SNIF
SNIF

AAAAGH ! JACK ! ARRÊTE ! TU VOIS BIEN QUE JE TRAVAILLE !
SLURP !
ALLEZ !
BOUMF
MAMAN RISQUE DE RENTRER TARD CE SOIR. FAIS DÉJÀ TES DEVOIRS.
ZZZZZ
POUF
BONSOIR MES CHÉRIS ! JE SUIS RENTRÉE !

J'AI RAMENÉ UN PLAT TRAITEUR. RÉCHAUFFÉ AU MICRO-ONDE, C'EST TOUT AUSSI BON QU'UN PLAT MIJOTÉ.
ET JACK, TU AS INTÉRÊT À FINIR TOUTE TON ASSIETTE. SINON, TU SERAS PRIVÉ DE SORTIE APRÈS L'ÉCOLE.
BEURK...
BOUMF
UN DIABLE DE TASMANIE ?! C'EST MALIN !
CET ANIMAL EST RÉPUTÉ POUR AVOIR UN APPÉTIT VORACE.
CROUNCH
CROUNCH
CROUNCH
IL NE LAISSE RIEN DE SES REPAS...
CRAC

... RIEN DU TOUT...
CRUM
CRUM
CRUM
JACK, APRÈS LE REPAS, TU ME MONTRERAS TES DEVOIRS.
ET TON CARNET DE NOTES, TANT QUE TU Y ES.
MAIS LORSQU'IL SE SENT MENACÉ, LE DIABLE DE TASMANIE PEUT SÉCRÉTER UNE FORTE ODEUR...
PFFFFFFFFF
... AUSSI DÉRANGEANTE ET ÂCRE QUE CELLE DE LA MOUFFETTE.
JACK ! TU ES DÉGOÛTANT !
FILE DANS TA CHAMBRE !

LE LENDEMAIN...
JACK, IL NE FAUT PAS HÉSITER À M'EN PARLER SI TU AS DES PROBLÈMES À L'ÉCOLE.
TU VEUX QUE JE TE CONDUISE AUJOURD'HUI ? OU TU PRÉFÈRES Y ALLER AVEC TES AMIS ?

JE SUIS TOUT OUÏE, JACK.
C'EST COMME TU PRÉFÈRES.

JE SUIS LÀ SI TU AS BESOIN.
Comment bien communiquer avec son enfant ?
Parlez-vous la même langue ?
Questionnez-le :
- sur sa journée à l'école
- sur ses amis, sans le sermonner.
EN TOUT CAS, SOIS PRUDENT, JACK.
infonews.com
À la une
POLICE
Disparition inquiétante la nuit dernière.
Les travaux de déforestation ont commencé.
JACK ?
JACK ?!
JACK ! IL EST L'HEURE D'ALLER À L'ÉCOLE !
ZZZZZZZ
ZZZZZ

ALLEZ, JACK !
BOUMF
NE TRAÎNE PAS !
BOUMF
DÉPÊCHE-TOI !
BOUMF
PLUS VITE ! TU VAS ÊTRE EN RETARD À L'ÉCOLE !
BOUMF

BOUMF
QU'EST-CE QUE TU FAIS, JACK ? C'EST PAS LE MOMENT DE CHERCHER UN OS À RONGER !
SNIF SNIF

OH ? TU CHERCHES GLADYS ? D'ACCORD.
C'EST VRAI QUE JE NE L'AI PAS VUE...
SNIF SNIF
IL Y A QUELQUES ABSENTS. SANS DOUTE LA GRIPPE...
SNIF SNIF
DRIIIIIIIING
IL FAUT RENTRER EN CLASSE, JACK !
Psssssss

JE VOIS QU'IL Y A QUELQUES ABSENTS AUJOURD'HUI.
GLADYS N'EST PAS LÀ, LILA NON PLUS...

ET RÉMI EST ABSENT ÉGALEMENT...
JACK ? QUE SE PASSE-T-IL ? CALME-TOI, LA MAÎTRESSE VA TE GRONDER.
GRRRRRRRR
JACK !

GRRRRRRR
JACK ?! QU'EST-CE QUI T'ARRIVE ? ARRÊTE !
BOUMF
GRRRRRRRR
JACK ! ÇA SUFFIT !
J'AI DIT « STOP », JACK !
PRENDS TES AFFAIRES ET VA VOIR MADAME LA DIRECTRICE !

BOUMF

LES AUTRES SE MOQUENT TOUT LE TEMPS DE NOUS TELLEMENT JACK EST BIZARRE. AVEC TOUTES SES TRANSFORMATIONS...
SES PETITES ATTENTIONS... SES BLAGUES...
MINCE... EN FAIT, IL ME MANQUE DÉJÀ.

AH, VOILÀ C'T'ANDOUILLE ! ET SON OURS GARDIEN N'EST PAS LÀ !
CETTE FOIS, JE VAIS POUVOIR LUI CASSER SES LUNETTES !
MAIS QU'EST-CE QU'IL FICHE ?! IL EN MET DU TEMPS !
FROUF

FROTTE
FROTTE

OÙ ÉTAIS-TU, JACK ?! ON ÉTAIT MORTS D'INQUIÉTUDE !
J'ÉTAIS SUR LE POINT D'APPELER LA POLICE.
ENFIN, TU ES RENTRÉ !
ON EST RASSURÉS.
DEMAIN, NOUS TE CONDUIRONS À L'ÉCOLE.

CLIC

LES GARÇONS, VOUS ÊTES PRÊTS ?

VOILÀ, VOILÀ, ON ARRIVE. DÉSOLÉS.
J'ARRIVERAI UN PEU EN RETARD AU TRAVAIL. TANT PIS.

MERCREDI.

JEUDI.
BON, BEN... JACK, JE CROIS QUE TU PEUX ALLER À LA RÉCRÉ...
BZZZZZ

TOUT DE MÊME, ELLE EST TERRIBLE, CETTE ÉPIDÉMIE DE GRIPPE.

COMMENT ÇA, CE N'EST PAS UNE GRIPPE ?
QUOI ?! TU ES ALLÉ CHEZ MALEK ET GLADYS ET LES ENFANTS N'ÉTAIENT PAS CHEZ EUX ?
MAIS OÙ SONT-ILS ALORS ?
BOUMF
ILS SE SONT FAIT ENLEVER ?! JE COMPRENDS POURQUOI TU TE SENS COMME UN LION EN CAGE DANS CETTE COUR...
TU AS RAISON ! IL FAUT LES RETROUVER ! DÈS QUE LA SONNERIE RETENTIRA, ON SUIVRA LEUR PISTE.

DRiiiiiiiNG
ALLONS-Y ! NE PERDONS PAS DE TEMPS !
JACK ! ON EST LÀ ! VIENS !
PAF
ON VA RENTRER À LA MAISON EN VOITURE AUJOURD'HUI.
CES MESSIEURS VONT NOUS ACCOMPAGNER POUR ÊTRE SÛRS QU'IL NE NOUS ARRIVE RIEN SUR LE CHEMIN.

JACK ! NE FAIS PAS D'HISTOIRE, MON GARÇON !
FLASH
TU VAS SAGEMENT NOUS SUIVRE. NOUS ALLONS T'ESCORTER.
VIENS, MON CHÉRI. C'EST PARCE QU'IL Y A EU BEAUCOUP D'ENFANTS ENLEVÉS... ON VEUT TE PROTÉGER !
BOUMF
JACK !

FLAP FLAP
FLAP

BOUMF

BOUMF
BONNE IDÉE, JACK ! LE SAINT-HUBERT EST SANS DOUTE LE MEILLEUR LIMIER DE TOUS LES CHIENS !
SNIF SNIF
CELUI QUI ENLÈVE LES ENFANTS SEMBLE BIEN MASQUER SES TRACES...
LE FLAIR DU SAINT-HUBERT NE SUFFIT PAS.
SNIF
SNIF
RÉFLÉCHIS ! N'Y A-T-IL PAS UN AUTRE ANIMAL TERRESTRE AVEC UN EXCELLENT ODORAT ?
BOUMF
MAIS OUI ! L'OURS !

SNIF
SNIF

SNIF
SNIF

SNIF
SNIF

ENFIN, L'OURS A UN BON ODORAT POUR CE QUI EST DE TROUVER DE QUOI MANGER...
CRUM
CRUM
CHIPS
POUF

OUI, OUI, ON A COMPRIS, LES OURS NOIRS PEUVENT SENTIR DE LA NOURRITURE JUSQU'À 30 KILOMÈTRES...
CRUM
CRUM
CRUM
QUOI ?! TU RECONNAIS L'ODEUR DE BEN ?!
CE SONT SES CHIPS ? ÇA NE M'ÉTONNE PAS : IL JETTE TOUJOURS SES PAPIERS PAR TERRE !
CRUM
CRUM
EN TOUT CAS, C'EST UNE BONNE PISTE ! POUR UNE FOIS QUE CETTE TEIGNE NOUS SERT À QUELQUE CHOSE !
VITE ! UN AUTRE ANIMAL AVEC UN FAMEUX FLAIR !
BOUMF
UN ÉLÉPHANT ! C'EST VRAI, CETTE TROMPE N'EST PAS LÀ QUE POUR FAIRE JOLI !

SNIF
SNIF
SNIF

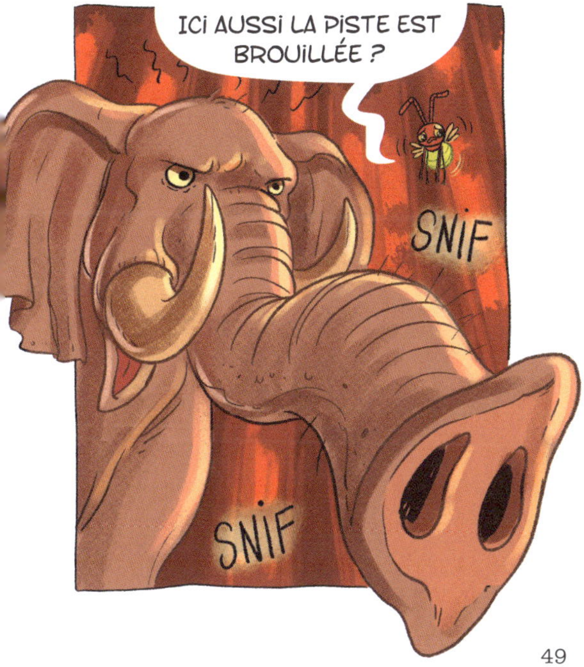
ICI AUSSI LA PISTE EST BROUILLÉE ?
SNIF
SNIF

NE SOIS PAS TRISTE, JACK. JE SUIS CERTAINE QUE NOUS ALLONS RETROUVER TES AMIS.
POUF

BRRRRR
BOUMF

CES JEUNES ! ILS NE RESPECTENT PLUS RIEN ! ILS S'ASSEYENT N'IMPORTE OÙ ! DE MON TEMPS, ON CÉDAIT SA PLACE AUX PERSONNES ÂGÉES !
LE LIÉCHI !

IL N'Y A PLUS DE RESPECT ! ILS PASSENT LEUR TEMPS SUR LEURS JEUX ÉLECTRONIQUES.
À MON ÉPOQUE, POUR JOUER, ON SE CONTENTAIT D'UN BOUT DE BOIS ET D'UN CAILLOU...
... ET ENCORE, QUAND IL Y AVAIT DES CAILLOUX.
MAINTENANT, LES ENFANTS VEULENT JUSTE FAIRE DU BRUIT ET ENNUYER LE MONDE !
DU BRUIT, DU BRUIT, DU BRUIT !
COMME SI LES TRAVAUX ET LE MAL QUE LES HOMMES FONT À LA FORÊT NE SUFFISAIENT PAS.
IL A EN PLUS FALLU QU'IL AMÈNE DES ENFANTS BRUYANTS DE L'AUTRE CÔTÉ DU LAC !
COMMENT JE VAIS DORMIR, MOI, AVEC TOUT CE BRUIT ?!
CRRRRRRRR

DE L'AUTRE CÔTÉ DU LAC, JACK !
C'EST LÀ QUE SONT LES ENFANTS !
ZZZZZZZZZ
FRRR
FRRRR

ON VA LES RETROUVER, JACK ! ÇA NE FAIT AUCUN DOUTE !

J'ENTENDS DÉJÀ LA VOIX DE...
Hiiiiii
LAISSEZ-MOI ! JE NE VOUS AI RIEN FAIT !
COMME TU ES GRASSOUILLET !

TU DOIS ÊTRE VRAIMENT NUL EN SPORT, MALEK ! SANS OUBLIER QUE T'ES BIGLEUX !
OUAIS, C'EST QUOI CES LUNETTES ?! CE SONT CELLES DE TON PÈRE, NON ?
COMME TES VÊTEMENTS, D'AILLEURS, QUI DATENT DE LA GUERRE !
LAISSEZ-MOI TRANQUILLE !

LES XANES ! CES HARPIES !
IL FAUT QUE TU FASSES QUELQUE CHOSE, JACK !
TU NE DOIS PAS AVOIR BEAUCOUP D'AMIS AVEC CETTE DÉGAINE !
PEUT-ÊTRE QUE TU TE FERAS DES AMIS POISSONS AU FOND DU LAC !
NON ! J'SAIS PAS NAGER !

ALLEZ, JACK ! RÉFLÉCHIS !
QUE CRAIGNENT LES XANES ?
ELLES ONT PEUR DU FEU... DE L'ÉLECTRICITÉ... DES SERPENTS...
PAR PITIÉ, NE ME LÂCHEZ PAS !
BOUMF
BIEN SÛR QU'ON VA TE LÂCHER ! C'EST LE MOMENT OU JAMAIS D'APPRENDRE À NAGER !
TU AURAIS MIEUX FAIT DE RESTER AVEC LE BUSGOSU ! LUI, IL NE TE VOULAIT AUCUN MAL ! ALORS QUE NOUS...
EUH... LES FILLES... IL Y A QUELQUE CHOSE DANS L'EAU...

AAAARGH !
UNE ANGUILLE !
ÉLECTRIQUE !
HAAAAAAAA

PLOUF
SALE BESTIOLE !
JE LES DÉTESTE !
FAITES-LA PARTIR !
ALLONS-NOUS-EN !
JE NE VEUX PAS ME FAIRE ÉLECTROCUTER !
Ni ME FAIRE ANGUiLLOCUTER !
PLOUF

HAAAAAAAAAAAAA
LÂCHE-MOI ! LÂCHE-MOI !
SPLASH

ARGH !
PLOUF
NE ME LÂCHE PAS ! NE ME LÂCHE PAS !
SPLASH SPLASH SPLASH
JACK ?! C'EST TOI ?!

JE SUIS TELLEMENT CONTENT DE TE RETROUVER, JACK !

T'ES MON MEILLEUR AMI.
TAP TAP
BOUMF
DIS DONC, JE CROYAIS QUE TU ME RAMENAIS CHEZ MOI !

BOUMF
JE SUIS TOUT MOUILLÉ ET J'AI FROID...
BOUMF
ET EN PLUS, J'AI FAIM... ET JE SUIS FATIGUÉ... ET...
BOUMF
ET...
... OH, MERCI, JACK !

ZZZZZZZ
ZZZZZ

FRRRR

ZZZZZZZ
BOUMF
WOUH OUH!
KFFFFFFF

FROUF
WOUH-OUH!
FRRRRRRR
BOUMF
FROUF
FRRRR

POURRIEZ-VOUS ARRÊTER LES TRAVAUX ?!
AH NON ! DÉSOLÉ ! NOUS AVONS DES DÉLAIS À RESPECTER !
NOS ENFANTS ONT DISPARU. NOUS PENSONS QU'ILS SONT DANS LA FORÊT.
NOUS VOUDRIONS ORGANISER UNE BATTUE POUR RETROUVER LEUR TRACE MAIS...
AVEC VOS TRAVAUX, ON NOUS REFUSE L'ACCÈS.
MAIS C'EST-À-DIRE QU'ON A BESOIN DE L'AUTORISATION DE NOTRE ENTREPRENEUR ET IL N'EST PAS DU GENRE À STOPPER UNE CONSTRUCTION...
VROUM
VROUM
VROUM
MA FILLE GLADYS A ÉGALEMENT DISPARU. DONC, VOUS ÊTES OFFICIELLEMENT EN ARRÊT DE TRAVAIL JUSQU'À CE QU'ON AIT RETROUVÉ LES ENFANTS.
VROUM

IL Y A UN PAQUET DE CHIPS ICI ! COMME CEUX QUE MANGE BEN !
REGARDEZ ! DES EMPREINTES DE PAS D'UN... CHIEN.
ET LÀ ! CELLE D'UN OURS !
ET... D'UN ÉLÉPHANT ?!
C'EST JACK !
IL A DÛ PARTIR À LA RECHERCHE DES AUTRES ENFANTS !

PAR ICI ! IL SUFFIT DE SUIVRE LA PISTE DE JACK !
OUI ! NOUS ALLONS LES RETROUVER !
ON AURAIT DÛ LUI DEMANDER SON AIDE DEPUIS LE DÉBUT !

OH...

ON DIRAIT BIEN QUE LA PISTE S'ARRÊTE ICI.
ALLONS, NE BAISSONS PAS LES BRAS.

FROUF
BOUMF
FROUF
FRRRR

LE BUSGOSU ! IL EST DÉJÀ REVENU !
OUiiiii !

JACK ! JE SUIS CONTENTE DE TE VOIR !

TU ViENS JOUER AVEC NOUS ?

ATCHOUM!
DÉSOLÉE, JACK. JE SUIS TOUJOURS ALLERGIQUE AUX POILS DE CHAT... MÊME LES GROS CHATS.
BOUMF
AAAAAAAAH!
CET ANIMAL EST HORRIBLE, JACK ! VRAIMENT DÉGOÛTANT !

MALEK !
MALEK ! ON EST LÀ, MON CHÉRI !
BRRRRRR
TU VAS BIEN ?!
OUI. JACK M'A SAUVÉ ! IL A CONSTRUIT CET ABRI MAIS... IL EST PARTI...
SMACK SMACK
IL A DÛ SUIVRE LA PISTE DU BUSGOSU !

JE NE SAIS PAS POURQUOI...
MAIS JE CROIS...
JUSQU'ICI, LA CRÉATURE AVAIT BIEN MASQUÉ SES TRACES...

... QU'IL EST PARTI PAR LÀ...
ET QU'IL N'ÉTAIT PAS SEUL.
MAIS CETTE FOIS, ELLE N'A PAS DÛ AVOIR LE TEMPS !

AU DÉBUT, J'AVAIS PEUR DU BUSGOSU ET JE NE COMPRENAIS PAS POURQUOI IL M'EMMENAIT.
MAIS FINALEMENT, J'AI TROUVÉ ÇA CHOUETTE ! C'EST UN ENDROIT...
... MAGNIFIQUE !

MÊME SI MES PARENTS COMMENCENT À ME MANQUER UN PEU.
BEN DIT QU'ON N'EST LÀ QUE DEPUIS UNE HEURE OU DEUX... MAIS J'AI L'IMPRESSION QUE ÇA FAIT PLUS LONGTEMPS.
YOUHOU!
PEUT-ÊTRE QUE LE BUSGOSU...
BOUMF
... A DES POUVOIRS MAGIQUES QUI DÉRÈGLENT LE TEMPS.
GRRRRRR

DITES DONC !
JE NE VOUS PAYE PAS À VOUS TOURNER LES POUCES ! REPRENEZ LE BOULOT !
C'EST-À-DIRE QUE LA POLICE NOUS A DEMANDÉ D'ARRÊTER...

LA POLICE ?! C'EST MOI QUI LA PAYE, LA POLICE !
ELLE FAIT CE QUE JE LUI DEMANDE !
CE CHANTIER EST TRÈS IMPORTANT POUR LA VILLE !
VOUS ME FAITES PERDRE DE L'ARGENT, LÀ !
À MOI AUSSI !
J'VEUX DIRE... À LA MUNICIPALITÉ !
IL FAUT UNE NOUVELLE AUTOROUTE ET DES PARKINGS.
CETTE FORÊT NE SERT À RIEN !
ELLE ATTIRE LES INSECTES ET LES NUISIBLES !
ARGH !
NOUS N'EN AVONS PAS BESOIN !

HA ! JACK ! TE VOILÀ ! TES PARENTS...
GRRRR
JACK !
... SONT LÀ !
ON S'EST TELLEMENT INQUIÉTÉS !
MON JACK !
HÉ ! REGARDEZ ! JACK A RETROUVÉ NOS ENFANTS !

ILS SONT TOUS LÀ !
MAIS QUI EST AVEC EUX ?!

C'EST CELUI QUI LES A ENLEVÉS !
POURQUOI A-T-IL FAIT CELA ?!
ÉCARTEZ-VOUS, LES ENFANTS !

VOUS AIMER VOS ENFANTS ?

LA FORÊT AIMER SES ENFANTS AUSSI...

... ET PRENDRE BIEN SOIN D'EUX.
PIOU

BRRRR
MAIS VOUS DÉTRUIRE LA FORÊT. VOUS DÉTRUIRE NOS MAISONS.

NOUS OBLIGÉS DE PARTIR... OU DE MOURIR.

VOUS RÉVEILLER DES ESPRITS DE LA FORÊT...

MAIS VOUS CONTINUER À DORMIR...
... PENDANT QU'ILS DÉTRUIRE.
FROUF

ALORS PEUT-ÊTRE SI VOS ENFANTS VIVRE AVEC NOUS DANS FORÊT...

... VOUS PAS LA DÉTRUIRE.

BOUMF

ILS ONT RAISON ! IL FAUT PROTÉGER LA NATURE !
OUI, MAIS QUE FAIRE ?!
ON POURRAIT TOUS OCCUPER LES LIEUX !
ÇA NE SUFFIRA PAS.
RÉFLÉCHIS, JACK ! QUE POURRIONS-NOUS FAIRE POUR LES EMPÊCHER DE DÉTRUIRE LA FORÊT ?!
OH ? TU VEUX PARLER, JACK ?
HOP !
GLOUPS !
PARENTS, BUSGOSU, ÉCOUTEZ-MOI.

NOUS RESTERONS DANS LA FORÊT POUR RALENTIR LES TRAVAUX...

CES CAMPEURS DU DIMANCHE NOUS EMPÊCHENT DE TRAVAILLER ! ET LA POLICE NE FAIT RIEN !
BIP BIP

VOUS ALLEZ M'ÉVACUER CES GENS, ET PLUS VITE QUE ÇA ! SINON, VOUS NE RECEVREZ PAS VOTRE SALAIRE !

BUSGOSU, TU AURAS TON RÔLE À JOUER AUSSI...
BRRRRR

CRAC
CRRRR

FROUF

IL FAUT DEMANDER L'AIDE DES AUTRES ESPRITS DE LA FORÊT...
C'EST UN MÉTIER DANGEREUX. LA GRUE POURRAIT S'EFFONDRER...
ET LA CHUTE SERAIT VERTIGINEUSE.
TU ES LOIN DE CHEZ TOI, HUMAIN. TA FAMILLE DOIT TE MANQUER.
CE CHANTIER VA ENCORE DURER DES MOIS SI TU RESTES...
CE PROJET N'EST PEUT-ÊTRE PAS AUSSI RENTABLE QUE TU LE CROIS.
TU RISQUES DE PERDRE BEAUCOUP D'ARGENT.
DRING DRING
BZZzzz
BZzzz

DE TOUTE FAÇON, LES POLITICIENS SONT TOUS POURRIS. ILS NE PENSENT QU'À S'EN METTRE PLEIN LES POCHES.
ILS SE FICHENT PAS MAL DES PAUVRES GENS.

AUX PROCHAINES ÉLECTIONS, LES GENS VOTERONT POUR QUELQU'UN D'AUTRE... ET ÇA REVIENDRA AU MÊME.
VOTER POUR QUELQU'UN D'AUTRE ? OH NON !

UNE SEMAINE PLUS TARD.

VRAAOUM MM
VROUM

TES PARENTS T'ÉCOUTENT ENFIN, JACK.
IL EST TEMPS DE LEUR RÉVÉLER TA VRAIE NATURE !
TU DOIS LEUR DIRE LA VÉRITÉ.
BOUMF
OK, TU VEUX FAIRE LA SOURDE OREILLE ?
TRÈS BIEN...
COMME TU VEUX.
POUF
KID & MISS PRICKLY

À SUIVRE...

L'ANIMAL TERRESTRE LE PLUS RAPIDE EST LE GUÉPARD. IL PEUT POUSSER DES POINTES À 115 KM/H.
L'UNE DE SES PLUS GRANDES RIVALES EST ÉGALEMENT UNE DE SES PROIES FAVORITES : LE SPRINGBOK.
CETTE ANTILOPE ATTEINT UNE VITESSE MAXIMALE DE 100 KM/H MAIS A UNE PLUS GRANDE ENDURANCE QUE LE GUÉPARD QUI S'ÉPUISE VITE.
POUR LUI, 9 CHASSES AU SPRINGBOK SUR 10 SE SOLDENT PAR UN ÉCHEC.

S'IL EST L'ANIMAL TERRESTRE LE PLUS RAPIDE, LE GUÉPARD NE PEUT CEPENDANT...
... PAS RIVALISER AVEC CERTAINS OISEAUX COMME LE FAUCON PÈLERIN.
FIOOUUUUUU
CE CHAMPION DU MONDE DU PIQUÉ ATTEINT UNE VITESSE QUI A ÉTÉ CALCULÉE À 389 KM/H !
DÉSOLÉ, GUÉPARD, CE SERA POUR UNE PROCHAINE FOIS.
POUF
FIOOOUUUU

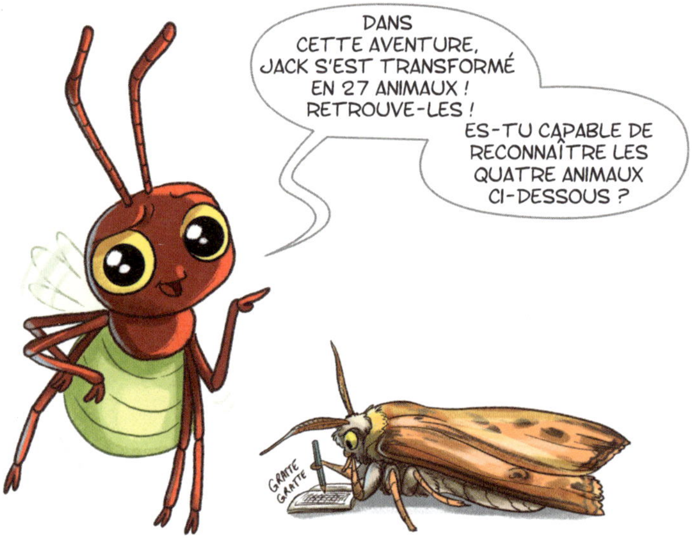

Pour t'aider,
voici la liste des 27 :

- Paresseux
- Caméléon
- Ours des Pyrénées
- Condor des Andes
- Colobe Guéréza
- Beagle
- Diable de Tasmanie
- Koala
- Escargot
- Tortue d'Hermann
- Panda géant
- Loup gris
- Écureuil roux
- Lion
- Noctuelle Baignée (papillon de nuit)
- Saint-Hubert
- Ours noir
- Éléphant d'Afrique
- Anguille électrique
- Crocodile du Nil
- Castor du Canada
- Pélican
- Grand Duc
- Tadaride du Brésil (aussi étrangement appelée « Molosse »)
- Lièvre
- Guépard
- Varan de Komodo

Réponses, de haut en bas : Noctuelle Baignée, Tadaride du Brésil, Colobe Guéréza et Varan de Komodo.